TRANSTORNO BIPOLAR

Coleção **SAÚDE DA MENTE**

COMO LIDAR COM O

TRANSTORNO BIPOLAR

2ª edição

astral cultural

Editora Natália Ortega
Editora de arte Tâmizi Ribeiro
Produção editorial Andressa Ciniciato, Brendha Rodrigues e Thais Taldivo
Revisão Alexandre Magalhães
Capa Agência MOV

Dados Internacionais de Catalogação na Publicação (CIP)
Angélica Ilacqua CRB-8/7057

C728

Como lidar com o transtorno bipolar / Astral Cultural. – 2 ed. - Bauru, SP : Astral Cultural, 2024.
128 p. (Coleção Saúde da mente)

ISBN 978-65-5566-521-5

1. Autoajuda 2. Transtorno bipolar I. Série

24-1596 CDD 616.895

Índice para catálogo sistemático:
1. Autoajuda

BAURU
Rua Joaquim Anacleto
Bueno, 1-42
Jardim Contorno
CEP: 17047-281
Telefone: (14) 3879-3877

SÃO PAULO
Rua Augusta, 101
Sala 1812, 18° andar
Consolação
CEP: 01305-000
Telefone: (11) 3048-2900

E-mail: contato@astralcultural.com.br

APRESENTAÇÃO

Muita gente acredita que o transtorno bipolar se resume a uma mudança repentina de humor, encarada diversas vezes como "frescura" e com olhar preconceituoso, o que impede sua compreensão como um verdadeiro transtorno mental. Todas as consequências sofridas são ignoradas, e a falta de apoio leva o indivíduo acometido a passar por problemas cada vez maiores.

Medo, culpa e vergonha são os sentimentos mais comuns entre aqueles que sofrem com alguma psicopatia, especialmente quando percebem que as pessoas de seu convívio não aceitam ou não reconhecem sua condição como uma doença. Com isso, a tendência é que o indivíduo se isole cada vez mais por não conseguir pedir ajuda e buscar um tratamento, com medo do preconceito que pode sofrer por parte da família, dos amigos e da sociedade em geral. Sem o suporte adequado, o paciente acaba tendo prejuízos em sua vida pessoal e profissional.

Nesta edição da Coleção Saúde da Mente, você poderá explorar um pouco mais o transtorno bipolar, em toda sua complexidade, e entender do que exatamente se trata essa síndrome, pontuando quais seus principais sintomas e como é realizado o diagnóstico. Você também poderá conferir os estigmas enfrentados pelos pacientes bipolares, assim como as formas de tratamento e os reflexos do transtorno na vida dos familiares. Com isso, este livro visa aproximar ainda mais o leitor dos diversos aspectos desse distúrbio e afastar o olhar condenatório sobre as pessoas acometidas.

SUMÁRIO

1

INTRODUÇÃO

Se você acha que o transtorno bipolar é uma psicopatia "moderna", que só passou a ser estudada e conhecida nos dias de hoje, está completamente enganado. A origem das primeiras análises, observações e dos conceitos sobre a síndrome remontam à Antiguidade, vários séculos antes de Cristo, quando surgiram os termos "mania" e "melancolia".

Ainda que extremamente abrangentes e imprecisos quando comparados às classificações conhecidas hoje, eles já descreviam muito bem alguns dos aspectos que atualmente são usados para definir o que é bipolaridade.

O principal expoente nos estudos sobre o transtorno bipolar entre os antigos foi Areteu da Capadócia, médico grego, que viveu em Alexandria no século I depois de Cristo. Ele foi responsável por escrever diversos textos sobre a unidade da síndrome maníaco-depressiva que ainda são usados como referência para novos estudos atualmente.

Areteu se destacou por causa da precisão de suas descrições no que se refere aos conceitos de "mania" e "melancolia", e também por ter sido o primeiro autor a estabelecer a existência de um vínculo entre ambos os termos. Já naquela época, o médico grego suspeitou que a mania e a melancolia tratavam-se de duas fases diferentes de uma mesma doença, alegando que a mania era consequência da piora do estado de melancolia.

Apesar do destaque de Areteu já no período da Antiguidade, os avanços nos estudos sobre a bipolaridade só voltaram a ganhar notoriedade séculos mais tarde, com o trabalho dos psiquiatras franceses Jean-Pierre Falret e Jules Baillarger.

A partir da metade do século XIX, os especialistas foram os responsáveis por descrever estados alternantes de depressão e mania, denominados por Falret de *folie circulaire*, enquanto Baillarger os chamava de *folie à double forme*.

Outros pesquisadores franceses da época também vinham desenvolvendo estudos importantes a respeito da síndrome maníaco-depressiva, como é o caso do psiquiatra Henri Legrand du Saulle.

Mas Falret se destacava entre os especialistas porque, já nesse período, levava em conta os intervalos de lucidez existentes entre as fases de manifestação dos quadros de mania e de depressão, uma das características principais para o diagnóstico do transtorno bipolar atualmente.

Apesar de todas as evidências apontadas por Falret e outros autores, como o alemão Karl Ludwig Kahlbaum, a grande maioria dos profissionais clínicos ainda persistiu no diagnóstico da melancolia e da mania como enfermidades diferentes e isoladas, com curso próprio e independente entre si.

Foi só a partir das definições difundidas por Kraepelin que o panorama sobre o transtorno bipolar começou realmente a tomar novos rumos.

Emil Kraepelin foi um importante psiquiatra alemão do século XIX, bastante conhecido por defender a relevância acerca da nomenclatura específica para cada distúrbio. Ele foi o responsável por separar as doenças da mente em dois grandes grupos — a demência precoce e a insanidade maníaco-depressiva —, consolidando assim a importância dos conceitos propagados anteriormente por outros autores sobre a bipolaridade.

Ao delimitar uma classificação própria para cada distúrbio, Kraepelin também apontou a necessidade de abordar cada um de forma isolada, contribuindo assim para uma maior compreensão das causas do surgimento de cada transtorno e, consequentemente, abrindo caminho para que novos métodos de tratamento fossem experimentados.

Para se ter uma ideia da importância do psiquiatra alemão, as classificações utilizadas atualmente pelos profissionais da psicologia, como o Manual Diagnóstico e Estatístico de Transtornos Mentais (DSM) e a Classificação Internacional de Doenças (CID) ainda se baseiam nos conceitos de Kraepelin.

Definições atualizadas

Hoje em dia, o transtorno bipolar é caracterizado pela alternância entre episódios de depressão e episódios de mania ou hipomania, intercalados por períodos de "normalidade", nos quais o paciente demonstra uma retomada dos comportamentos habituais.

Contudo, essa definição é apenas uma delimitação geral referente ao distúrbio, que se divide em vários subtipos. Conheça alguns dos principais:

Transtorno bipolar tipo I: essa forma do transtorno é mais rara, e se caracteriza pela manifestação de um ou mais episódios maníacos, nos quais o indivíduo fica em estado de extrema euforia, com humor e autoestima elevados, ou intensa irritabilidade. Essas mudanças exageradas no comportamento podem ser seguidas ou antecedidas por episódios hipomaníacos ou depressivos.

Transtorno bipolar tipo II: a segunda variação do transtorno é mais comum, e se caracteriza pela manifestação de um ou mais episódios hipomaníacos e de um ou mais episódios depressivos, independentemente da sequência em que ambos os episódios se manifestam — o quadro hipomaníaco pode anteceder ou ser antecedido pelo episódio depressivo.

Transtorno ciclotímico (ou ciclotimia): nesse caso, a manifestação do transtorno se caracteriza principalmente pela manifestação de sintomas hipomaníacos e depressivos leves, não suficientes para caracterizar um episódio propriamente hipomaníaco ou depressivo. Os sintomas citados persistem por pelo menos dois anos — ou um ano, no caso de crianças e adolescentes —, por períodos consecutivos que não apresentam intervalo maior de inatividade do que dois meses.

Não é só o humor

Há casos em que, além das alterações de humor características do transtorno, o paciente pode apresentar alguns sintomas psicóticos durante os episódios maníacos, como alucinações, delírios de perseguição e de identidade. Quadros desse tipo são mais raros, e também é mais difícil de se obter um diagnóstico preciso, principalmente se o caso não tiver acompanhamento desde o início.

Ao analisar o quadro já em seu momento de pico, o profissional da área pode enfrentar dificuldades em conseguir diferenciá-lo da esquizofrenia, devido à presença de alucinações associadas a um discurso incompreensível e excitações violentas, sintomas comuns em ambos os casos.

Existem ainda outras manifestações clínicas que envolvem os sintomas e quadros aqui relacionados, como episódios hipomaníacos e depressivos, mas sem apresentar intensidade ou duração que permitam sua classificação como um dos tipos definidos anteriormente.

Nesses casos, os transtornos não são considerados propriamente como bipolares, mas, ainda assim, acabam levando o nome do transtorno no diagnóstico.

Exemplo disso é o chamado transtorno bipolar induzido pelo uso de substância ou medicamento. Esse quadro se caracteriza pela manifestação de sintomas de perturbação acentuada e persistente do humor, desenvolvidos durante ou logo após a abstinência ou intoxicação provocada por determinada substância, ou então após o contato com certo tipo de medicamento.

Outro exemplo que vale ser citado é o transtorno bipolar devido a outra condição médica, caso no qual a alteração anormal do humor é o sintoma predominante no quadro clínico, sendo este comprovadamente uma consequência fisiopatológica direta de outra condição médica.

Há ainda o caso denominado transtorno bipolar não especificado. Este último exemplo se caracteriza por casos em que ocorre a manifestação de sintomas característicos de um transtorno bipolar, que prejudicam significativamente os aspectos sociais, profissionais e pessoais do indivíduo, sem, contudo, satisfazer todos os critérios necessários para ser denominado um transtorno bipolar.

Preconceito e estigmas

Como apresentado anteriormente, o conhecimento e os estudos sobre o transtorno bipolar e outras doenças ligadas à mente humana já existem há séculos. De lá para cá, muitas coisas a respeito do diagnóstico e também ao tratamento para esses distúrbios foram descobertas, e o avanço nos debates que abordam o tema são notáveis.

Mesmo assim, todo esse tempo de análises, discussões e aprendizados ainda não foi suficiente para os especialistas conseguirem vencer os principais inimigos de quem é acometido pelo transtorno: o preconceito e os julgamentos em torno do distúrbio.

Durante muito tempo, os indivíduos com a saúde mental prejudicada eram tratados de forma generalizada como "loucos", independentemente do grau de disfunção apresentado. Qualquer pessoa nessas condições estava sujeita ao isolamento e aos maus-tratos por parte do restante dos cidadãos "normais", ou seja, aqueles que não apresentavam qualquer sintoma de perturbação mental.

A criação dos manicômios foi o ponto alto desse período. Esses locais eram utilizados como verdadeiros depósitos de pessoas consideradas anormais, que ficavam literalmente abandonadas — sem levar em consideração nem mesmo aspectos como idade, sexo e condições físicas e de saúde—, desprovidas de qualquer tipo de cuidados ou atenção.

Essa prática, perpetuada por séculos, contribuiu para que o preconceito sobre as doenças mentais e as pessoas acometidas por elas ficasse enraizado na cultura de muitos países, inclusive o Brasil.

Foi apenas a partir da segunda metade do século XX que a realidade começou a mudar por aqui, quando grupos de profissionais da psicologia e da psiquiatria começaram a se unir para criar movimentos, campanhas e até leis que fossem contra a violência e os maus-tratos dispensados aos indivíduos com transtorno mental.

Não é frescura

Mesmo depois de tantos anos de luta, o estigma sobre esses pacientes continua existindo nos dias de hoje. Tanto é verdade que muitas pessoas ainda alimentam a ideia de que os distúrbios que afetam a mente não passam de "frescura", discurso extremamente prejudicial para quem precisa enfrentar essas condições. Isso porque o paciente, por temer ser rejeitado pelas pessoas de seu convívio, tende a demorar para aceitar a doença e, consequentemente, buscar e aderir ao tratamento, o que leva a um agravamento gradativo do quadro clínico.

O indivíduo se isola cada vez mais de seu círculo social e começa a perder as esperanças, já que sua angústia e perturbação não melhoram, ao mesmo tempo que não consegue se abrir com ninguém para contar o que sente e pedir ajuda. Com medo de ser reprimido, a sensação de infelicidade e fracasso o tomam por completo.

Além da questão cultural citada anteriormente, grande parte das ideias e dos conceitos equivocados a respeito dos transtornos mentais são fruto da falta de informação e da relativização dessas manifestações clínicas. A primeira, por exemplo, se mostra presente em casos nos quais a família, durante consulta com o médico especialista, questiona ou tem resistência a aceitar o diagnóstico.

Por acreditar que os sintomas apresentados não podem ser decorrentes de um transtorno, ou mesmo por não compreender o que é uma doença mental, a tendência é que o início do tratamento seja atrasado, prejudicando ainda mais o paciente.

O segundo aspecto diz respeito à relativização dos conceitos. A utilização genérica de definições clínicas para se referir a alguém, ou ainda a adoção destas com cunho pejorativo, são formas de minimizar o sofrimento causado pelos transtornos mentais e a condição do paciente.

Exemplos clássicos são as alcunhas dadas a pessoas agitadas, como "hiperativas" ou "ansiosas", mesmo que a pessoa não seja verdadeiramente acometida por um desses distúrbios. Dizer que um indivíduo que possui um comportamento mais reservado seja "depressivo" também é outro exemplo comum de relativização.

Mudança de atitude

Além de afetar diretamente a progressão do tratamento, os estigmas também levam a fatores ainda mais graves, como o risco de suicídio por parte das pessoas acometidas pelas doenças da mente.

Para se ter uma ideia, o índice de suicídios entre indivíduos com transtorno bipolar tipo II atinge cerca de um terço dos pacientes. De acordo com dados do DSM-5, a taxa de prevalência de suicídios tentados durante a vida é de 36,3% para esse transtorno.

Por isso, é imprescindível assumir que os comportamentos relacionados anteriormente são prejudiciais a quem enfrenta essas condições, e rever nossas atitudes e nossos pensamentos frente a tais enfermidades é mais do que necessário para que essa realidade de preconceito e estigmatização das doenças mentais seja revertida.

2

COMO CONSEGUIR DIAGNÓSTICO

Por definição, o transtorno bipolar se caracteriza por períodos intensos de mudança anormal de comportamento. Neles, o paciente manifesta episódios de mania ou hipomania, alternados com intervalos de sintomas depressivos e retomada da "normalidade", fase em que o indivíduo volta a apresentar seus comportamentos habituais.

Neste capítulo, vamos apresentar detalhes sobre os diferentes tipos de transtorno bipolar e todos os aspectos que envolvem a manifestação dessa síndrome.

Antes de falarmos das doenças propriamente ditas, é necessário conhecer os sintomas e quadros que caracterizam cada um dos transtornos. Os chamados episódios de mania, hipomania e depressão possuem uma diversidade de sinais, que devem ser observados antes que o diagnóstico possa ser confirmado. A manifestação de alguns dos sintomas por períodos inferiores ou com intensidade mais leve do que os prescritos como regra para a caracterização dos transtornos bipolares, por exemplo, são determinantes para o diagnóstico.

Episódios maníacos (mania)

Este quadro se caracteriza pelo aumento desproporcional do humor em relação ao comportamento habitual do indivíduo. O estado mais comum é de excitação incontrolável e autoestima elevada, com sensação de grandiosidade e expressão de ideias muito otimistas. O aumento de energia provoca surtos de hiperatividade, que levam o paciente a apresentar pressão para falar e diminuição da necessidade de sono. Em alguns casos, a agitação é tanta que apenas três horas de repouso são suficientes para que a pessoa se sinta descansada.

Outros impulsos comuns são a extravagância e o gasto desenfreado de dinheiro com itens supérfluos, bem como a perda da inibição social — que torna o indivíduo mais descontraído e comunicativo diante de situações em que normalmente não se expressaria tão facilmente — e um elevado déficit de atenção. O paciente pode apresentar, em alguns casos, alta irritabilidade e agressividade, ou ainda comportamento amoroso ou engraçado.

É importante destacar também que os episódios maníacos são alterações de humor graves, capazes de causar prejuízo acentuado no funcionamento social e profissional da pessoa. Durante os episódios de mania, o indivíduo pode manifestar também alguns sintomas psicóticos, como delírios e alucinações, que podem desencadear desde reações violentas até a negligência na alimentação e na higiene pessoal.

Episódios hipomaníacos (hipomania)

Pode-se dizer que a hipomania é um episódio de mania de grau mais leve, cuja alteração no humor é mais marcante e persistente do que na ciclotimia, mas não o suficiente para ser considerada um episódio maníaco tradicional. Dentre os sintomas clássicos estão o aumento da sociabilidade, a loquacidade (hábito de falar muito), a familiaridade excessiva, o aumento da energia sexual e a diminuição da necessidade de sono.

A manifestação desses sinais, porém, não é acentuada a ponto de causar rejeição social ou perturbação grave capaz de prejudicar o desempenho funcional do paciente no trabalho. Ainda pode ser apontado o comprometimento da atenção e da concentração, bem como o gasto excessivo de dinheiro, mas não de forma descontrolada como nos episódios maníacos.

Episódios depressivos

Usualmente, o indivíduo apresenta humor deprimido, perda de interesse e de prazer em atividades de seu cotidiano, com energia reduzida e consequente redução no desempenho e aumento da fadiga.

Além disso, o paciente apresenta comprometimento da concentração e da atenção, autoestima e autoconfiança reduzidas, sentimento de culpa e de inutilidade, pessimismo acentuado, ideias relacionadas ao autoflagelo e ao suicídio, perturbação do sono e diminuição do apetite.

As consequências de tais sintomas são percebidas diretamente no comportamento do indivíduo acometido, que tende a apresentar perda de interesse em atividades normalmente agradáveis; falta de reatividade emocional a ambientes e eventos considerados prazerosos-despertar antecipado em cerca de duas horas em comparação ao horário habitual; depressão aumentada pela manhã; evidência de retardo ou agitação psicomotora — quadro caracterizado pela hiperatividade, impaciência, fala acelerada, tensão muscular e pelos movimentos involuntários, como agitação nas pernas, entre outros — percebida por outras pessoas; redução acentuada de apetite e de massa corporal e perda da libido.

O diagnóstico dos episódios depressivos só pode ser confirmado quando é comprovada a presença de, pelo menos, quatro dos sintomas descritos. Esses episódios podem variar ainda em três graus distintos, classificados como leve, moderado e grave. Dependendo da gravidade do quadro, o paciente pode manifestar também sintomas psicóticos.

Detalhados os episódios que caracterizam os transtornos, fica mais fácil compreender como é realizado o diagnóstico do transtorno em si. Para comprovar a presença ou não da manifestação de algum distúrbio desse tipo, o profissional da área precisa levar em conta diversos aspectos, como a duração de cada episódio, a frequência e a intensidade com que ocorrem e até o histórico clínico e familiar do paciente.

Normalmente, o que leva o paciente a procurar ajuda é a influência da família ou dos amigos, que percebem os quadros de alteração de humor como anormais e encaminham o indivíduo acometido para uma consulta com especialista. No entanto, também existem casos nos quais a própria pessoa reconhece a mudança em seus comportamentos, mas principalmente os efeitos que eles têm causado em sua vida social e no trabalho, levando-a a procurar um médico.

Transtorno bipolar tipo I

Caracteriza-se pela manifestação de pelo menos um episódio maníaco ao longo da vida, com intensidade grave o suficiente para causar prejuízo acentuado no funcionamento social ou profissional, com a presença de sintomas psicóticos ou não. Para obedecer aos critérios diagnósticos, o episódio não pode ser desencadeado por consequência de efeitos fisiológicos de determinada substância ou de outra condição médica.

Ainda pode ocorrer a manifestação de sintomas psicóticos, como alucinações e delírios, somados aos sintomas do episódio maníaco.

Dependendo da gravidade do caso, pode ser necessária a hospitalização do indivíduo, como forma de prevenir danos e agressões a ele próprio ou a outras pessoas.

Fatores de risco

Ambientais: pessoas separadas, divorciadas ou viúvas apresentam maior probabilidade de desenvolverem transtorno bipolar tipo I em relação às que nunca casaram ou que ainda são casadas. O distúrbio também é mais comum em países desenvolvidos (1,4%), cuja prevalência é aproximadamente o dobro em comparação com países de baixa renda (0,7%).

Genéticos e fisiológicos: o histórico familiar do paciente em fase de diagnóstico de transtorno bipolar é considerado um dos fatores de risco mais fortes e consistentes para determinar a manifestação desse tipo de distúrbio. Segundo dados do DSM-5, há um risco dez vezes maior entre parentes adultos de indivíduos com transtorno bipolar tipo I e tipo II, e a magnitude do risco aumenta de acordo com o grau de parentesco.

Modificadores de curso: quando um indivíduo manifesta episódio maníaco com presença de sintomas psicóticos, a tendência é que os episódios maníacos subsequentes também apresentem características psicóticas. A presença desses sintomas também indica a probabilidade de menor recuperação completa entre cada episódio maníaco.

Transtorno bipolar tipo II

Para que seja comprovado o diagnóstico dessa variação do transtorno, é necessária a manifestação de pelo menos um episódio hipomaníaco atual ou anterior, assim como pelo menos um episódio depressivo, também atual ou anterior. A sequência de manifestação de ambos os quadros é irrelevante para o diagnóstico; tanto a apresentação de um episódio hipomaníaco seguido de um episódio depressivo quanto a de um episódio depressivo seguido por um episódio maníaco são classificadas como transtorno bipolar.

Ao contrário do episódio maníaco, sintoma determinante do transtorno bipolar tipo I, a hipomania não é grave o suficiente para causar prejuízos acentuados no funcionamento social ou profissional do indivíduo, muito menos para que o mesmo seja hospitalizado. Já o episódio depressivo é mais intenso, causando prejuízos significativos em áreas importantes da vida da pessoa acometida.

Fatores de risco

Genéticos e fisiológicos: de acordo com dados presentes no DSM-5, o risco para o desenvolvimento de transtorno bipolar tipo II tende a ser mais elevado entre parentes de pessoas acometidas por esse distúrbio. Existem ainda indícios de que alguns fatores genéticos influenciam diretamente na idade em que se dará a manifestação dos transtornos bipolares.

Modificadores de curso: sabe-se que, quanto mais rápido for o ciclo da doença — manifestação do transtorno, recessão ao período de normalidade e nova manifestação — mais difícil será a recuperação total após cada surto. Indivíduos mais jovens e com depressão menos grave apresentam melhores taxas de recuperação do funcionamento social, assim como pessoas com alta escolaridade, casadas e que enfrentam há menos tempo a condição também se mostram mais suscetíveis a atingir níveis de recuperação próximos ao estado de normalidade.

Transtorno ciclotímico (ou ciclotimia)

O diagnóstico, neste caso, leva em conta a manifestação de sintomas de hipomania e depressão por vários períodos consecutivos, no curso de, no mínimo, dois anos. Contudo, não se trata de episódios hipomaníacos ou depressivos propriamente ditos. Os sinais em questão não satisfazem todos os critérios necessários para serem considerados episódios desse tipo, sendo então considerados apenas sintomas hipomaníacos e depressivos.

Apesar disso, também causam prejuízo significativo a diversas áreas da vida da pessoa. O indivíduo acometido por ciclotimia normalmente não permanece mais de dois meses sem manifestar os sintomas, que persistem por um período mínimo de dois anos.

Fatores de risco

Genéticos e fisiológicos: o transtorno ciclotímico é mais comum em parentes biológicos de primeiro grau de indivíduos com transtorno bipolar do tipo I do que na população em geral.

Incidência em crianças e adolescentes

O que se sabe sobre a prevalência do transtorno bipolar é que este é um tipo de enfermidade que se manifesta principalmente em adultos de ambos os sexos, podendo também apresentar indícios já na adolescência. Contudo, evidências apontam que é possível detectar sinais da presença da bipolaridade ainda na infância, apesar de a comprovação do diagnóstico ser mais difícil nos pequenos. Isso porque, dentre outros aspectos, a quantidade de estudos a respeito da prevalência do transtorno bipolar em crianças ainda é pequena, o que não dá condições para que se obtenham dados conclusivos a respeito do tema.

A motivação para se debruçar sobre a ocorrência desse distúrbio já na infância começou a partir de investigações recentes, nas quais foi detectado que cerca de 60% dos pacientes adultos relataram a presença de sintomas antes dos 20 anos, enquanto outros 20% apontam a manifestação dos primeiros sintomas antes dos dez anos de idade. A partir disso, já foi possível levantar uma série de evidências que, aos poucos, começam a dar alguns detalhes de como o transtorno bipolar se apresenta na infância.

Sintomas

Assim como em indivíduos na fase adulta, os distúrbios de bipolaridade são considerados enfermidades graves, e estão associados à alteração anormal do humor. Nos pequenos, os principais sintomas são a dificuldade em seguir regras — que resulta em sérios problemas emocionais, de relacionamento social e de funcionalidade acadêmica —, desesperança e déficit no desenvolvimento de estratégias para se adaptar a situações adversas ou estressantes, conceito conhecido como *coping*. Outro aspecto importante que caracteriza a manifestação do transtorno em crianças é a ciclagem rápida, com quatro episódios afetivos por ano e alterações bruscas de humor, sintomas depressivos mistos, na maior parte das vezes maníacos, na forma de irritabilidade, e evolução crônica desde a infância.

Nos adolescentes, os sintomas seguem aproximadamente o mesmo padrão, com foco na irritabilidade. Justamente por não obedecer de todo aos critérios observados nos adultos, o diagnóstico para o transtorno nas duas fases iniciais da vida se tornam mais difíceis. Somado à dificuldade técnica de identificar a manifestação da bipolaridade está o preconceito recorrente por parte dos pais e de outros adultos do convívio da criança, que minimizam os sintomas apresentados alegando que os quadros de irritabilidade são "coisas da idade" e ignorando outros sinais envolvidos.

Como é feito o diagnóstico?

Existem dois métodos que auxiliam no diagnóstico de crianças e adolescentes com transtorno bipolar. O primeiro está especificado no Manual Estatístico e Diagnóstico de Transtornos Mentais (DSM-5), que orienta para a observação dos fatores de identificação do transtorno em adultos somados a dois critérios específicos, que são o humor depressivo irritável e a dificuldade em ganhar peso. O segundo é direcionado pela Classificação Estatística Internacional de Doenças (CID-10), que aponta que os sintomas determinantes para o diagnóstico são irritabilidade, agressividade e estado de humor misto. Um estudo publicado na revista *Essentials of Child and Adolescent Psychiatry*, em 2006, ainda indica que crianças e adolescentes costumam apresentar mais características psicóticas—que podem incluir alucinações e delírios—durante os episódios de alteração do humor e um desenvolvimento mais grave da doença do que os pacientes adultos.

Mesmo realizando a observação de todos esses fatores e seguindo as diretrizes dos manuais referenciados, o diagnóstico não é tarefa fácil ao profissional de saúde mental. Na maioria dos casos, a manifestação dos episódios de humor relacionados ao transtorno bipolar acontece associada a outras comorbidades. Segundo dados apontados pelo CID-10, cerca de 90% das crianças e adolescentes apresentam quadro de transtorno do déficit de atenção e hiperatividade (TDAH) juntamente com a bipolaridade. De acordo com o DSM-5, o transtorno ainda pode apresentar comorbidade de até 60% com outras doenças da mente e de até 75% com transtornos de ansiedade.

A escassez de estudos e pesquisas mais direcionadas a esse tema também contribuem para o aumento da dificuldade em alcançar um consenso sobre o diagnóstico desse tipo de transtorno em pacientes que estão na infância ou na adolescência. Para evitar possíveis discordâncias entre pesquisadores e profissionais da saúde, o DSM-5 recomenda a inclusão das crianças e adolescentes que apresentam alteração anormal do humor em quatro diferentes categorias. São eles:

Transtorno bipolar do tipo I: caracterizado por episódios de mania e depressão, cujo diagnóstico é realizado com base nos episódios maníacos;

Transtorno bipolar do tipo II: definido pela ocorrência de um ou mais episódios depressivos e pelo menos um episódio hipomaníaco;

Transtorno ciclotímico: manifestação de quadros de hipomania e depressão que não atendam a todos os critérios necessários para caracterizar um episódio maníaco, hipomaníaco ou depressivo, e cuja duração seja de pelo menos um ano;

Transtorno bipolar não especificado: inclui os quadros de instabilidade de humor que não satisfazem os critérios exigidos pelo manual para classificação em qualquer uma das categorias anteriores.

Tendo em vista as dificuldades apontadas, a forma mais eficaz encontrada pelos profissionais da área para garantir que o diagnóstico nessa faixa etária de pacientes seja feito com maior precisão é utilizar escalas de avaliação direcionadas à população infantojuvenil, conhecer bem a história de vida do paciente, bem como de sua família, para identificar indícios de possível herança genética e, claro, empregar os manuais diagnósticos, no caso os já citados DSM-5 e CID-10, os mais atualizados e alinhados aos conhecimentos que temos hoje em dia sobre transtornos mentais.

Uma contribuição importante para o diagnóstico é a não relativização do comportamento de crianças e adolescentes pelos pais. A observação atenta das alterações bruscas no humor e da prevalência de períodos de irritabilidade pelos adultos do convívio na infância e na adolescência fornece grande suporte ao profissional que acompanhará o caso. Procurar ajuda no momento certo, ao detectar sinais considerados anormais, auxilia não apenas na identificação do transtorno, mas também evita que o paciente tenha problemas graves de relacionamento e convívio social.

Consequências

Como citado anteriormente, a manifestação do transtorno bipolar em crianças e adolescentes costuma ser mais grave do que em indivíduos adultos. Tal fato contribui para que as consequências negativas geradas na vida dos pacientes que se encontram nessas faixas etárias também sejam mais significativas, afetando desde a rotina dentro de casa até o convívio com seus semelhantes na escola e em outros locais.

No ambiente familiar, os principais problemas decorrem do estresse causado na relação com a criança ou o adolescente acometido pelo transtorno. A irritabilidade do paciente culmina em brigas diárias, tanto pela não aceitação de algum fato ou situação quanto pela desobediência. Em casos extremos, pode haver agressões físicas e verbais aos pais, irmãos ou responsáveis, e a não compreensão sobre a origem de tais sintomas gera ainda mais atrito nas relações.

Já na escola, é possível observar um comprometimento no processo de aprendizagem do aluno, decorrente do déficit de atenção provocado pela bipolaridade. Pode ocorrer ainda a dificuldade do paciente em interagir com o restante da turma, que, ao presenciar os quadros de crises agudas, tende a isolar o indivíduo, motivada pelo medo do comportamento irritável e agressivo e por não ter conhecimento da condição daquele membro da sala.

As barreiras na socialização com os colegas podem ainda contribuir para que os episódios de depressão decorrentes do transtorno sejam agravados.

3

O QUE EXISTE DE TRATAMENTO?

O tratamento voltado ao controle do transtorno bipolar inclui, basicamente, a administração de medicamentos e a aplicação de métodos psicoterápicos, podendo ainda contar com diversos outros tipos de terapias classificadas como complementares, como o yoga, a acupuntura e a meditação, na tentativa de tornar o tratamento ainda mais eficaz.

Vale ressaltar que o transtorno bipolar não tem cura. Por isso, tanto o tratamento medicamentoso quanto outros métodos — como as psicoterapias — são adotados com o intuito único de estabilizar o quadro do paciente e dar condições para que o mesmo tenha seu funcionamento social e laboral comprometidos o mínimo possível.

Assim como no caso de outras enfermidades, o tratamento farmacológico para o transtorno bipolar se constitui basicamente de três etapas: tratamento para fase aguda, tratamento de continuação e tratamento de manutenção. No primeiro caso, como o próprio nome sugere, trata-se do uso de medicamentos para conseguir amenizar as crises de manifestação da doença, que no caso do transtorno bipolar são os períodos em que o paciente apresenta episódios maníacos, hipomaníacos ou depressivos.

De maneira geral, o objetivo principal da intervenção medicamentosa nos momentos de crise é controlar o episódio maníaco sem desencadear sintomas depressivos, ou então melhorar o episódio de depressão sem provocar um quadro de mania.

Já a segunda etapa, a de continuação, visa estabilizar os benefícios do tratamento da fase inicial e reduzir os efeitos colaterais da medicação. Ao mesmo tempo, foca-se no tratamento do quadro até sua remissão, aumentando dessa forma o funcionamento social e laboral do indivíduo e reduzindo a possibilidade de recaídas.

Depois de estabilizado o quadro do paciente na fase de continuação, chega-se à última etapa, conhecida como de manutenção. Nela, o objetivo é a prevenção contra novos episódios maníacos ou depressivos por meio do uso dos medicamentos.

Nesse contexto, a intenção é maximizar a resposta de recuperação, mantendo o indivíduo em estado de remissão do transtorno para que consiga retomar parte de suas atividades.

Tipos de remédios

Para cada uma das fases citadas, é necessário um tipo específico de fármaco cujos efeitos contribuam para alcançar os resultados esperados e otimizar o tratamento. As três principais classes de medicamentos adotadas são dos antidepressivos, dos antipsicóticos e dos estabilizadores de humor.

É importante ressaltar também que, por mais eficazes que os remédios sejam no tratamento do paciente, trata-se de produtos químicos com potencial para desencadear efeitos colaterais graves caso administrados de maneira descontrolada ou então quando associados ao consumo de álcool, drogas e também outros medicamentos. Por isso, siga todas as orientações do seu médico e nunca pratique a automedicação.

Antidepressivos

A tendência no transtorno bipolar é que as crises de depressão sejam mais duradouras do que os episódios maníacos. Devido a isso, essa classe de medicamentos acaba sendo utilizada em diversos casos.

Dentre os antidepressivos existentes, a preferência é pelos Inibidores Seletivos da

Recaptação de Serotonina (ISRS), que são, na maioria das vezes, administrados em associação com estabilizadores de humor. A maior aceitação dos ISRS se dá por conta de esse tipo de medicamento apresentar menos riscos de complicações por efeitos adversos.

Entretanto, o debate sobre o uso dessa classe de remédios é controverso. Ao mesmo tempo que existem estudos que comprovam a eficácia no uso dos ISRS, outros também apontam evidências de que esse tipo de medicamento pode induzir o surgimento de sintomas tênues de mania.

Por conta disso, o uso de antidepressivos acaba não sendo indicado para pacientes que apresentam episódios mistos ou têm histórico de intervalos curtos entre uma crise e outra.

Antipsicóticos

Medicamentos dessa classe são usados principalmente no controle e na manutenção de episódios maníacos, pois apresentam alta eficiência para tais fins e são facilmente aceitos pelo organismo. Já sobre os quadros depressivos, esses remédios não surtem nenhum efeito. Os antipsicóticos são divididos em dois subgrupos, conhecidos como típicos e atípicos.

Os fármacos classificados como típicos são pouco utilizados, pois apresentam muitos efeitos colaterais, entre os quais estão o ganho de peso, a sedação, a disfunção sexual e a discinesia tardia — movimentos involuntários repetitivos decorrentes do uso contínuo de medicamentos psiquiátricos por um longo período. Já aqueles classificados como atípicos são mais amplamente utilizados, pois apresentam taxas mínimas de efeitos adversos quando comparados ao subgrupo dos antipsicóticos típicos.

A principal recomendação sobre esses remédios é a cautela e observação na utilização deles no tratamento de pessoas idosas. Isso porque os antipsicóticos podem ter ação adrenérgica no organismo, agravando quadros de hipotensão postural — definida como a queda de pressão do corpo quando o paciente fica em pé ou quando realiza um alongamento.

Além disso, os fármacos desse tipo tendem a interagir facilmente com outros medicamentos, como anticonvulsivantes, anti-hipertensivos e antidepressivos, podendo causar reações adversas.

Estabilizadores de humor

Essa é a mais antiga classe de medicamentos utilizada no tratamento do transtorno bipolar — a descoberta e o início da comercialização dessas substâncias aconteceu na década de 1960. Voltados principalmente ao controle dos episódios maníacos e estados mistos, com o intuito de reduzir a frequência de manifestação das crises e aumentar o período de remissão do transtorno, tais antipsicótico são adotados nas etapas de controle da fase aguda e de manutenção, primeira e última do tratamento, respectivamente.

Existem diversos tipos de estabilizadores, o que torna o tratamento muito mais versátil. Se durante o processo o paciente apresentar efeitos adversos decorrentes da substância adotada inicialmente, o profissional de saúde tem a possibilidade de trocá-la por outro fármaco que reaja melhor no organismo, ou ainda combinar duas substâncias diferentes, em doses equilibradas, para obter os mesmos resultados.

Com o aumento da estabilização dos casos, é possível reduzir aos poucos as doses de medicamento ingeridas, mas tal decisão deve ficar a cargo do médico especialista.

Impacto da medicação

Estudos apontam que aproximadamente um terço dos pacientes ficam completamente livres dos sintomas e de novas crises de transtorno bipolar quando submetidos à manutenção estabilizadora adequada.

Para que seja alcançado tal resultado, porém, é necessário seguir à risca o tratamento e as recomendações médicas sobre horário e quantidade das doses do medicamento consumido, bem como as orientações para mudança de hábitos, adequação da alimentação, entre outras.

Além disso, o diálogo constante com o profissional que acompanha o tratamento é imprescindível. A qualquer sinal de novas manifestações ou efeitos adversos, é importante comunicar ao especialista para que ele possa rever a medicação e adaptar o que for preciso para que o tratamento obtenha a eficácia desejada sem maiores complicações ao paciente.

Existe a possibilidade de interromper o tratamento após estabilização do transtorno.

Essa decisão, porém, deve ser tomada pelo médico, analisando o histórico do paciente e outras condições clínicas. Infelizmente, os episódios maníacos e depressivos apresentam altas chances de voltarem a se manifestar com o fim da medicação, e a efetividade do tratamento pode não ser a mesma caso seja necessária sua retomada após novas crises.

Psicoterapias e terapias alternativas

A abordagem utilizada pela ciência hoje em dia para o diagnóstico e tratamento do transtorno bipolar é decorrente da compreensão de que o distúrbio pode ser desencadeado por diversos fatores genéticos, ambientais (psicossociais) e biológicos. A gama de causas e as consequências sofridas por quem é acometido por esse transtorno da mente permitiram à comunidade científica enxergar que, quanto mais métodos fossem utilizados para dar o suporte necessário ao paciente em todos os aspectos comprometidos de sua vida, mais chances ele teria de se recuperar e ser reinserido na sociedade.

Tudo isso culminou na criação das técnicas hoje conhecidas como psicoterapias, adotadas em associação ao tratamento medicamentoso dos pacientes bipolares.

Existem diversos tipos de psicoterapias, e suas aplicações visam desde uma maior aceitação da doença e, consequentemente, do tratamento, até a prevenção contra novas recaídas, trabalhando de forma a manter a doença em estado remissivo pelo maior período de tempo possível.

Adesão aos medicamentos

Um dos principais objetivos da psicoterapia é a melhora à adesão dos pacientes ao tratamento farmacológico, que tende a ser baixa. Estima-se que 50% dos indivíduos abandona o uso dos remédios em um ano após iniciado o tratamento. Entre os motivos conhecidos para explicar esse fato, encontram-se os baixos níveis de conhecimento sobre a doença, os efeitos colaterais indesejáveis, a gravidade do transtorno e a aceitação do diagnóstico, os baixos níveis de instrução e o suporte social precário.

Afastando as recaídas

Mesmo a farmacoterapia desempenhando papel decisivo e inquestionável no tratamento do transtorno bipolar, ela não é suficiente para evitar, sozinha, as recorrências dos episódios de humor. Cerca de 95% dos pacientes apresentam recaídas ao longo da vida. Estudos apontam que as chances de recorrência são de 40% a 50% em um ano, e de 73% a 85% em cinco anos.

As recaídas são extremamente prejudiciais ao tratamento, pois além de favorecerem a evolução da doença, aumentam as chances de novas recaídas e contribuem para que o intervalo entre uma recorrência e outra seja cada vez menor, prejudicando ainda mais a funcionalidade psicossocial da pessoa. Nesse sentido, utiliza-se a psicoterapia para prevenir a ocorrência de novas recaídas. Estas podem ser desencadeadas por fatores como má adesão ao tratamento, alteração no ciclo do sono, suporte social precário e estressores psicossociais.

Prevenção contra a remissão de sintomas

Existem diversos sintomas comuns ao transtorno bipolar, conhecidos como subsindrômicos. Esses sintomas são caracterizados pelos sinais que, em conjunto, não preenchem os critérios para o diagnóstico de um episódio de mania, hipomania ou depressão, embora se façam presentes em boa parte do período de remissão da fase aguda de bipolaridade e contribuam para que esse intervalo entre as crises seja cada vez menor.

As psicoterapias também são voltadas com o objetivo de evitar a presença desses sintomas. Estima-se que o paciente manifeste sintomas subsindrômicos por cerca de 31% a 33% do tempo.

Manejo de estressores psicossociais

O prejuízo na funcionalidade do indivíduo que sofre com o transtorno bipolar traz consequências diretas a aspectos importantes da vida, como o trabalho, a família e os relacionamentos, mesmo depois de recuperados de um episódio de humor e mantendo a medicação com estabilizadores.

Em um estudo conduzido pela National Depressive and Manic-Depressive Association (NDMA), dos Estados Unidos, no qual 600 pacientes diagnosticados com transtorno bipolar foram entrevistados, demonstrou que 88% afirmaram que a doença afeta o desempenho no trabalho. Além disso, 60% dos entrevistados alegaram ter trocado de emprego ou carreira por conta da doença. Ainda entre o mesmo grupo,

34% disse que não possui uma boa convivência familiar e cerca de 65% revelou ter problemas para manter relacionamentos amorosos e íntimos.

Todos esses problemas e dificuldades em conseguir manter um desempenho profissional satisfatório, além de relações estáveis e harmoniosas, são aspectos facilitadores de quadros de recaída, bem como da maior incidência de sintomas subsindrômicos e de progressão acentuada da doença.

Para evitar tais consequências, as psicoterapias também se mostram um caminho eficaz para fazer com que o paciente compreenda melhor sua própria condição e, com isso, possa encontrar meios de restabelecer o bom funcionamento social em sua vida.

Tipos de intervenções psicoterápicas

Existem basicamente três tipos de intervenções consideradas eficazes e apropriadas para otimizar o tratamento dos pacientes com transtorno bipolar. São elas: a terapia interpessoal (TIP), a terapia cognitivo-comportamental (TCC), e a terapia familiar e de casal. A seguir, vamos explicar o enfoque de cada uma dessas intervenções, bem como as técnicas utilizadas e como elas podem ajudar o paciente com transtorno bipolar a obter maior sucesso no tratamento de sua condição.

Terapia interpessoal (TIP)

A terapia interpessoal é uma psicoterapia de tempo limitado, desenvolvida na década de 1970 e inicialmente focada no tratamento da depressão. Sua origem remete ao enfoque interpessoal e psicossocial dos psiquiatras Adolf Meyer e Harry Stack Sullivan, abordagem que apontava a relação do indivíduo com seu grupo social e com as pessoas de seu convívio próximo como determinante para o desenvolvimento das psicopatologias.

Esse método terapêutico tem como principal objetivo trazer alívio ao paciente por meio da abordagem de problemas interpessoais que possam ser os responsáveis pelo surgimento ou mesmo manutenção dos sintomas. Normalmente, tais problemas estão relacionados com conflitos pessoais importantes ou com familiares, quadros de ansiedade e frustrações.

A intenção principal da TIP é conseguir levar o paciente a fazer mudanças em sua vida, e não apenas trabalhar a aceitação de suas atuais condições. Essa terapia reconhece a importância do inconsciente e a influência de vivências passadas, principalmente as ocorridas na infância, mas não foca nesse aspecto, e volta-se para a compreensão do momento presente.

O tratamento pela TIP é breve, com duração de 12 a 20 sessões, nas quais o paciente é estimulado a identificar as emoções que sente em suas relações e, dessa forma, expressá-las no contexto social. As sessões costumam ser semanais, com foco nas dificuldades que aparecem no contexto social presente e nas disfunções sociais decorrentes do transtorno. O terapeuta é uma figura ativa no tratamento, e aplica uma série de técnicas de apoio, cognitivas, comportamentais, psicodinâmicas e psicoeducacionais para estimular o paciente a expressar suas emoções. O profissional ainda pode intervir com conselhos, sugestões, e levantando hipóteses para as percepções do indivíduo sobre o que acontece em suas interações sociais.

Terapia cognitivo-comportamental (TCC)

Mais conhecida como TCC, essa terapia surgiu em meados dos anos 1960, proposta pelo psiquiatra norte-americano Aaron T. Beck. É uma terapia focada na atividade mental consciente ou pré-consciente, caracterizada pela produção de crenças subjacentes e pelos pensamentos automáticos e suas respectivas consequências, como comportamentos, emoções e reações físicas.

O conceito base da TCC é de que o modo como as pessoas interpretam suas experiências próprias influencia a forma como elas se sentem e como se comportam. Esse referencial fundamenta o treinamento dado ao paciente, logo no início do tratamento, voltado à identificação e ao registro dos pensamentos automáticos e crenças subjacentes para que, posteriormente, possam ser aplicadas intervenções para correção dos mesmos. Tais intervenções incluem exame de evidências, exame das vantagens e desvantagens, ressignificações e geração de pensamentos alternativos como forma de desconstruir a visão pessimista ou negativa que o indivíduo tem de uma situação ou experiência vivida.

A TCC também é uma terapia breve, com duração média de 10 a 20 sessões, e consiste em um trabalho de colaboração entre o terapeuta e o paciente. A função do profissional é auxiliar o indivíduo a utilizar recursos próprios para identificar erros de lógica, pensamentos e crenças equivocadas ou disfuncionais, para então corrigi-los por meio de métodos como os citados anteriormente.

As sessões costumam ser elaboradas em uma sequência de tópicos preestabelecidos, e essa terapia tem como característica principal as tarefas de casa, feedbacks e autoavaliações constantes, tanto do paciente quanto do terapeuta.

Terapia familiar e de casal

Essa vertente terapêutica teve origem na insatisfação de diversos profissionais da saúde com a evolução lenta de determinados pacientes, quando eram tratados individualmente, e também pela frustração com o fato de que, em alguns casos, membros da família do paciente eram responsáveis por neutralizar o progresso da terapia.

Para superar essas dificuldades, os especialistas passaram a considerar não apenas o paciente individualmente, mas também colocaram a família em evidência como forma de compreender a origem e a manutenção do transtorno mental.

A partir dessa nova perspectiva, passa-se a dar maior destaque para o contexto familiar enquanto aspecto pertinente para o tratamento das psicopatologias, desenvolvendo-se a compreensão de que um problema individual gera consequências sobre os demais membros da família, e que cada indivíduo influencia os demais e por eles é influenciado.

Na terapia de casal, é adotado basicamente o mesmo princípio. Nela, entende-se que há muitas possibilidades e vantagens em resolver de forma mais rápida os conflitos que surgem na vida conjugal por meio de uma abordagem conjunta, em comparação às terapias e aos métodos convencionais de abordagem individual. Essa terapia se baseia nos princípios da psicodinâmica, na teoria da comunicação e na teoria dos contratos conjugais.

As sessões na terapia familiar e de casal são realizadas semanalmente com todos ou a maior parte dos membros da família. Posteriormente, podem vir a ocorrer apenas quinzenalmente ou até mensalmente, a depender do progresso do tratamento.

Os objetivos gerais desse método terapêutico são melhorar a comunicação entre os membros da casa, minimizar os sintomas, reduzir os conflitos interpessoais, descentralizar e flexibilizar os padrões de liderança e de tomada de decisão do lar e ainda melhorar o desempenho individual.

Terapias alternativas

Além de todos os recursos apresentados aqui, o tratamento do transtorno bipolar pode ser complementado com alguns recursos adicionais, que visam à melhora no bem-estar do paciente.

Esses métodos são conhecidos como terapias alternativas — ou complementares —, e sua utilização não substitui qualquer uma das formas mencionadas neste livro, tanto as psicoterapias quanto o tratamento farmacológico.

Por isso, converse com seu médico antes de optar por qualquer uma dessas terapias, para conhecê-las e saber qual se aplica melhor ao seu caso, não prejudicando seu quadro de saúde e proporcionando momentos de maior relaxamento.

Acupuntura: técnica milenar da medicina tradicional chinesa, a acupuntura é uma terapia totalmente holística e considera que o corpo é percorrido por uma energia vital que, quando tem seu fluxo interrompido, desencadeia os problemas de saúde. Consiste na aplicação de agulhas em pontos do corpo que, quando estimulados, regulam os canais energéticos e restabelecem o equilíbrio do organismo, contribuindo para a cura de doenças físicas e emocionais. A aplicação de agulhas no corpo ainda proporciona a liberação de substâncias analgésicas, anti-inflamatórias e relaxantes no organismo.

Meditação: método voltado a proporcionar o autoconhecimento e a compreensão dos próprios limites na relação com o mundo e com a vida. Permite ao indivíduo estabelecer uma maior conexão consigo próprio, e também tem impacto significativo na saúde. Estudos realizados pela Universidade de Cambridge e pela Universidade Johns Hopkins, nos Estados Unidos, apontaram que a meditação pode ter os mesmos benefícios que os antidepressivos em quadros de depressão leve e moderada. Também é capaz de contribuir para a diminuição nas chances de manifestação de um novo episódio depressivo em pacientes em tratamento.

Yoga: essa técnica inclui tanto o fortalecimento físico quanto mental. Além de possibilitar ao paciente maior conexão com sua essência e controle das emoções, por meio de mantras, técnicas de respiração e meditação, o yoga ainda traz benefícios ao corpo, como flexibilidade e fortalecimento muscular, decorrentes da execução de diferentes posições de alongamento características desse método terapêutico.

Onde buscar tratamento

Pouca gente sabe, mas os serviços públicos de saúde são uma das alternativas para quem necessita dos tratamentos para o transtorno bipolar. O Sistema Único de Saúde (SUS), por exemplo, oferece tanto os medicamentos quanto terapias e tecnologias para pacientes acometidos por esse tipo de distúrbio. E o melhor: de forma gratuita.

Medicamentos

Para ter acesso ao tratamento farmacológico, o primeiro passo é procurar a Unidade Básica de Saúde mais próxima. Lá, o paciente deve procurar pelo Componente Especializado da Assistência Farmacêutica para preenchimento de formulário de solicitação do medicamento em questão. Somado a isso, é necessário estar com uma série de documentos em mãos para que seja comprovada a necessidade do uso do remédio e completada a fase de solicitação.

Os documentos exigidos pelo Ministério da Saúde para que o pedido seja efetuado são:

- uma cópia do Cartão Nacional de Saúde;
- uma cópia do documento de identidade (RG ou outro documento com foto) ou, no caso de crianças muito novas que ainda não tenham RG, uma cópia da certidão de nascimento;
- uma cópia do comprovante de residência;
- o próprio formulário obtido na unidade de saúde—conhecido como Laudo para Solicitação, Avaliação e Autorização de Medicamentos do Componente Especializado da Assistência Farmacêutica (LME)—adequadamente preenchido;

· a prescrição médica devidamente preenchida por um profissional;

· exames exigidos nos Protocolos Clínicos e Diretrizes Terapêuticas, de acordo com a doença e o medicamento solicitado.

Concluída a fase de solicitação, o paciente precisa esperar cerca de 15 dias para saber se seu processo foi deferido ou não. Apenas após a liberação do procedimento é que o paciente pode retirar os fármacos solicitados na unidade de saúde.

Atualmente, o SUS conta com uma linha completa de cinco remédios diferentes voltados ao tratamento do transtorno bipolar, e todos podem ser adquiridos gratuitamente por meio do processo citado aqui.

Consultas com profissionais

Também pelo Sistema Único de Saúde, o paciente pode agendar consultas com psicólogos ou psiquiatras gratuitamente. Para ter acesso aos profissionais da área da rede pública de saúde, é necessário se dirigir à Unidade Básica de Saúde mais próxima da sua casa para realizar uma consulta prévia e avaliar suas condições médicas. Nela, serão analisadas as particularidades do estado de saúde do indivíduo, para que então ele possa ser encaminhado a um Centro de Atenção Psicossocial (Caps), onde poderá receber tratamento e atenção adequados para o seu caso, sob orientação de profissionais especializados.

No Caps, o paciente tem acesso ao tratamento com uma equipe multiprofissional, que reúne médicos, psicólogos, psiquiatras, assistentes sociais, entre outros especialistas. Essas unidades especiais de saúde utilizam uma abordagem interdisciplinar voltada ao cuidado intensivo dos pacientes com transtornos mentais, de forma comunitária e personalizada, na tentativa de inserir a família e não prejudicar as relações desta com o indivíduo acometido.

Planos particulares

É claro que, para os pacientes que têm condições de arcar com os gastos do tratamento e não querem perder tempo realizando todas as solicitações e consultas de averiguação exigidas pela rede pública de saúde, há ainda a opção de recorrer às empresas de saúde privadas. Em hospitais e clínicas particulares, o indivíduo pode marcar a consulta com o psicólogo ou psiquiatra na hora. Quanto aos medicamentos, estes podem ser adquiridos em qualquer farmácia com a apresentação da prescrição médica devidamente assinada e carimbada pelo médico.

Por lei, os planos de saúde privados são obrigados a cobrir todos os transtornos mentais. Os parâmetros definidos pela lei que regulamenta as concessões de planos e seguros por empresas particulares ainda especificam que tais entidades devem, em planos ambulatoriais, por exemplo, garantir o atendimento a emergências, como ameaças e tentativas de suicídio, além de tratamento básico com consultas, exames e demais procedimentos laboratoriais e atendimento intensivo para crises. Para os planos hospitalares, a empresa ainda deve prever a cobertura de no mínimo 30 dias de internação por ano em hospitais psiquiátricos, unidades de enfermaria psiquiátrica ou hospitais gerais.

Internação

Muita gente ainda associa os transtornos mentais exclusivamente aos quadros de demência e prejuízos cognitivos extremos, que fazem o indivíduo perder a noção da realidade, a racionalidade e o controle sobre seus pensamentos e atitudes. Essa descrição resume, basicamente, o conceito que se tinha de "loucura" até algumas décadas atrás, quadro clínico cujo único "tratamento" possível era, na concepção da maior parte da sociedade, a internação.

Atualmente, o entendimento sobre as doenças mentais e a forma de lidar com as pessoas acometidas por essas enfermidades mudou. Muitos movimentos surgiram para lutar pelos direitos dos pacientes a terem um atendimento digno e receberem tratamento e atenção adequados. A internação ainda existe e é adotada em alguns casos, mas é importante entender em que situações ela realmente se faz necessária e todos os efeitos que ela desencadeia, tanto para a família quanto para o próprio paciente.

Como citado anteriormente, o processo de internação (ou hospitalização) vem sendo, aos poucos, deixado de lado, substituído por novas alternativas mais humanitárias e que garantem melhores condições de tratamento e recuperação às pessoas acometidas por transtornos mentais. Isso porque os manicômios e hospitais psiquiátricos, além de não serem eficazes no tratamento das doenças mentais, ainda representaram, ao longo da história, uma forma de isolar do restante da sociedade aqueles indivíduos considerados “anormais” ou “loucos”.

Ainda existem instituições que realizam esse tipo de intervenção, mas o acompanhamento e cuidados prestados aos pacientes hoje já é muito diferente do que se tinha nos manicômios. Ainda assim, são recursos requisitados apenas em casos em que a manifestação das crises agudas de determinado transtorno apresenta alta gravidade ou periculosidade.

No caso do transtorno bipolar, a hospitalização só é recomendada em casos nos quais o descontrole nos episódios de mania é exacerbado a ponto de interferir na segurança do próprio paciente, de sua família ou de outras pessoas de seu convívio próximo.

Nesses casos, o indivíduo pode apresentar quadros agressivos intensos, que levam à autoagressão ou a comportamentos violentos contra outros membros da casa. A internação pode inclusive ser involuntária, ou seja, faz-se necessário que uma equipe profissional intervenha na situação para tirar o indivíduo do ambiente familiar e encaminhá-lo ao hospital, a fim de receber a medicação adequada para o controle da crise e não oferecer mais riscos nem a ele mesmo nem à família.

Também podem ocorrer situações de internação voluntária. Quando o indivíduo tem uma melhor compreensão de sua condição e teme colocar sua família ou a própria segurança em risco, ele pode optar por ficar recluso por certo tempo, recebendo os cuidados médicos de forma integral dentro da instituição hospitalar. Esses episódios, porém, são um pouco mais raros, devido a três motivos principais: a não aceitação da doença por parte do indivíduo, o preconceito da família e o medo do julgamento por parte da sociedade.

Consequências da internação

Os impactos da hospitalização na vida social e no emocional do paciente são os fatores que mais contribuem para que esse tipo de intervenção seja cada vez menos utilizado. O estigma ainda presente na sociedade sobre os transtornos mentais colabora para que o indivíduo tenha problemas tanto durante o tratamento quanto na hora de retomar o convívio social, por temer os julgamentos e rótulos que poderá receber por parte de colegas de trabalho e conhecidos.

Consequências semelhantes são observadas na família do paciente. O receio de julgamentos e a não aceitação da doença podem desencadear desde conflitos no ambiente doméstico e desestabilização das relações interpessoais até diminuição das interações sociais por todos os membros da família, que preferem não se expor a julgamentos de terceiros. Tudo isso reflete o aumento na tendência de, cada vez mais, ocorrer o incentivo para que o indivíduo com transtorno bipolar receba os cuidados dentro da própria casa.

Tratamento em casa

Conforme abordado anteriormente neste livro, a opção por realizar o tratamento do paciente dentro do ambiente familiar é uma estratégia que tem apresentado bons resultados na recuperação da pessoa com transtorno bipolar.

Apesar de mais trabalhoso e estressante, manter o indivíduo próximo à família contribui para que os outros membros aprendam a lidar com o transtorno de forma mais receptiva, se esforçando para auxiliá-lo em seu processo de recuperação e retomada de suas atividades habituais.

Outros aspectos importantes decorrentes do tratamento realizado dentro do lar são a melhor aceitação do indivíduo sobre sua própria condição e a motivação para conseguir se recuperar de forma plena. Quando não tem suas faculdades mentais comprometidas de forma acentuada, o paciente percebe toda a sobrecarga que gera ao estar sob os cuidados da família, e por isso segue o tratamento mais rigorosamente, para que consiga melhorar em breve e poupar os outros membros da casa do estresse e desgaste extras.

Além disso, estar entre figuras conhecidas e que possuem grande importância em sua vida torna o processo de tratamento mais leve, pois o paciente se sente acolhido e feliz pelos seus entes queridos não terem optado pelo seu isolamento em clínicas ou outras instituições psiquiátricas. Existem estudos e pesquisas que já apontaram, inclusive, para a preferência da maioria das famílias em manter o indivíduo dentro do convívio doméstico. Tanto a dificuldade em se desapegar da pessoa acometida quanto a satisfação em poder ajudar um membro da família são apontadas como os principais fatores motivacionais para a adoção do tratamento domiciliar.

4

ORIENTAÇÕES PROFISSIONAIS

Ainda existe muita dificuldade, por parte das famílias, em lidar com o diagnóstico de transtorno mental em algum indivíduo do núcleo familiar. Medo, insegurança, não aceitação e incerteza sobre o futuro normalmente são as reações iniciais expressadas por quem descobre que terá de conviver com alguém acometido por essa condição. A imprevisibilidade e também a falta de informação a respeito de enfermidades desse tipo são os desencadeadores das reações descritas.

Afinal, o adoecimento em geral — principalmente por doenças crônicas, como é o caso dos transtornos mentais — desorganiza todo o funcionamento do núcleo familiar, ainda mais quando afeta membros essenciais para o sustento da casa. A adaptação à nova realidade pode ser desgastante para a família, deixando o ambiente doméstico sobrecarregado e prejudicando as relações entre todos os indivíduos.

Dividindo as tarefas

Uma das primeiras preocupações que surgem após a descoberta da condição do indivíduo com transtorno mental é sobre como podem ser supridas as funções exercidas por ele no lar. A insegurança de conseguir manter as finanças e pagar as contas pode desencadear situações de estresse elevado, principalmente quando a pessoa com a saúde mental comprometida precisa ser afastada do trabalho. Além de contar com uma renda a menos, a família ainda precisa encontrar uma forma de arcar com os gastos com medicamentos e consultas médicas para acompanhamento do quadro.

Outro aspecto que entra em jogo são os cuidados do paciente acometido pelo transtorno. A família precisa decidir quem vai se responsabilizar por monitorar a medicação do indivíduo e o tratamento extra-hospitalar. O ideal é que essas funções sejam divididas entre todos os membros da casa, pois a centralização dos cuidados em apenas uma pessoa sobrecarrega excessivamente a rotina e aumenta significativamente os níveis de estresse, cansaço e mal-estar.

Medos e inseguranças

Essas reações são extremamente comuns às pessoas próximas do indivíduo acometido por um transtorno mental. E as causas para a manifestação de tais sentimentos podem ser as mais diversas; uma das principais é a insegurança diante da aceitação social da condição do membro da família pela sociedade. O preconceito com as pessoas com distúrbios da mente ainda é muito comum, e os familiares temem pelo que os amigos, vizinhos e conhecidos possam pensar sobre o assunto.

O estigma pode se estender ao restante da família, comprometendo suas relações sociais devido ao tabu que ainda existe em torno do tema da saúde mental. Quando a família não tem muita informação sobre o assunto, o medo da exclusão social pode desencadear também os sentimentos de culpa e vergonha. Muitas pessoas ainda acreditam que as doenças da mente estão relacionadas a alguma falha nas relações com o indivíduo acometido, desconsiderando que esse tipo de enfermidade pode ser decorrente de inúmeros fatores, inclusive de predisposição genética.

O comportamento do próprio paciente pode ser também, em alguns casos, motivo de medo e de revolta para os familiares. Principalmente durante as crises do transtorno, quando se manifestam episódios maníacos ou hipomaníacos, o indivíduo pode ficar agressivo ou dispensar comportamento desobediente e arrogante a quem convive com ele. Por essa razão, os outros membros da família tendem a ficar, no começo, receosos de um possível surto violento no qual ocorra agressão verbal ou física a alguém da casa ou ao próprio paciente, que pode tentar ferir a si mesmo.

Mas, então, o que fazer?

Apesar das dificuldades, manter a pessoa com transtorno mental dentro do círculo familiar contribui de forma significativa para o tratamento. Por isso, o primeiro passo deve ser em direção à compreensão do transtorno, buscando informações em fontes confiáveis e através do diálogo com profissionais de saúde da área da psicologia e psiquiatria. Ao tentar entender as condições do paciente, o processo se torna mais leve, e criam-se alternativas para lidar com os comportamentos e excessos do indivíduo.

É claro que as informações a respeito da doença e dos métodos e recomendações para o tratamento devem partir do profissional de saúde, mas a família também deve levar até ele suas percepções e dúvidas. Esse diálogo facilita o processo de entendimento da realidade do paciente e, consequentemente, a elaboração de estratégias que se adequem ao cotidiano da família para lidar com as crises e otimizar o tratamento.

O desgaste emocional e físico que os cuidados a uma pessoa com transtorno mental geram na família podem levá-la a optar pela internação, o que é prejudicial ao paciente. Em alguns casos, tal decisão se faz mais do que necessária, principalmente quando não possui os conhecimentos adequados para intervir nos momentos de crise. Nesses momentos, recorrer à intervenção médica auxilia no manejo ideal da situação e também evita a ocorrência de acidentes.

Contudo, um estudo realizado por pesquisadores da Universidade Federal de Santa Catarina (UFSC), em 2013, apontou que, em situações de internação, a tendência é que a família comece a minimizar a importância de seu papel na recuperação do indivíduo. Mesmo com a realização constante de visitas para manter o relacionamento com o familiar acometido, estabelecendo uma continuidade na relação ainda que nos momentos de crise mais intensos, fica mais difícil romper o ciclo de reinternações quando a família não encontra suporte social e de serviços de saúde. Aos poucos, a lógica de que internar o paciente é a melhor forma de tratá-lo prevalece, e com isso perde-se a oportunidade de estabelecer condições que possibilitem que o indivíduo receba os cuidados em casa, dentro do círculo familiar.

Voltando à ativa

Cada caso de manifestação de um transtorno mental é diferente do outro. As manifestações se apresentam de forma diversificada em cada indivíduo, por tempo e graus variados. Logo, existem situações em que a pessoa acometida tem seu funcionamento social totalmente comprometido, enquanto em outras a recuperação acontece de forma gradativa e quase plena, sem agravamento das funções e relações sociais, possibilitando seu retorno às atividades habituais normalmente, como trabalho, universidade, entre outros.

Um dos aspectos que contribui para isso é a aceitação e o suporte de familiares e amigos. Buscar informações para entender o problema e recorrer ao auxílio profissional para aprender a lidar com os momentos de crise sem isolar a pessoa de seu círculo afetivo são atitudes fundamentais para que se possa obter êxito na reinserção do indivíduo. Mesmo acometida por uma doença da mente, a pessoa encontra motivação para se recuperar, aceitar seu caso e colaborar com o tratamento, pois recebe o suporte emocional necessário ao ser mantida no convívio da família e dos amigos.

Ainda que a reinserção não seja possível, devido às condições de perturbação em que se encontra o paciente, o ideal é tentar mantê-lo junto à família, mesmo que o desgaste seja inevitável. Além do fortalecimento dos laços afetivos, tal atitude proporciona ao indivíduo a sensação de pertencimento, evitando que a doença progrida e desencadeie comorbidades — doenças que aparecem associadas a um quadro principal — graves como a depressão, ocasionadas pelo sentimento de abandono que processos como a internação, por exemplo, geram no indivíduo isolado.

CONSULTORIAS

Bernard Miodownik, *psicanalista, psiquiatra e membro efetivo da Sociedade Brasileira de Psicanálise do Rio de Janeiro;*
Cleunice Menezes, *psicóloga e psicanalista;*
Patricia L. Mekler, *coordenadora da equipe de Psicologia do Hospital Sepaco;*
Rafael Baptista de Melo, *psicólogo formado pela Universidade Metodista de São Paulo* (UMESP) *com aprimoramento em orientação parental pelo Centro Paradigma de Ciências do Comportamento.*

FONTES

ASSOCIAÇÃO AMERICANA DE PSIQUIATRIA. Manual Diagnóstico e Estatístico de Transtornos Mentais (DSM-5). Editora Artmed, 2014.

ALKMIM, *Wellerson D. O que é transtorno bipolar?. Disponível em: https://silo.tips/download/o-que-e-transtorno-bipolar-wellerson-d-alkmim*

BOSAIPO, *Nayanne B.*; BORGES, *Vinícius F.*; JURUENA, *Mario F. Transtorno bipolar: uma revisão dos aspectos conceituais e clínicos. Medicina (Ribeirão Preto), v. 50, n. 1, p. 72-84, 2017.*

CALIL, *Helena M.*; JUSTO, *Luis P. Intervenções psicossociais no transtorno bipolar. Revista de Psiquiatria Clínica nº 31, 2004.*

CORDIOLI, *Aristides V.*; GREVET, *Eugênio H.; e colaboradores. Psicoterapias: abordagens atuais. Editora Artmed, 4ª edição,* 2019.

COSTA, *ROBERTA S. Transtorno bipolar: contribuições de uma intervenção analítico-comportamental em grupo. Dissertação de Pós-Graduação em Análise do Comportamento.* Universidade Estadual de Londrina (UEL), 2016.

DALGALARRONDO, Paulo. *Psicopatologia e semiologia dos transtornos mentais.* Editora Artmed, 2ª edição, 2008.

DIAS, Ana C. G.; et al. *Transtorno bipolar: reflexões sobre diagnóstico e tratamento.* Revista Perspectiva, vol. 34, nº 128, 2010.

ISOLAN, Luciano; KNAPP, Paulo. *Abordagens psicoterápicas no transtorno bipolar.* Revista de Psiquiatria Clínica nº 32, 2005.

MORAES, Renata G. A.; GON, Márcia Cristina Caserta; ZAZULA, Robson. *Transtorno bipolar em crianças e adolescentes: critérios para diagnóstico e revisão de intervenções psicossociais.* Revista Psico, vol. 47, nº 1, 2016.

MORENO, Doris H.; MORENO, Ricardo A.; RATZEK, Roberto. *Diagnóstico, tratamento e prevenção da mania e da hipomania no transtorno bipolar.* Revista de Psiquiatria Clínica nº 32, 2005.

OLSCHOWSKY, *Agnes; et al. O desafio familiar no cuidado às pessoas acometidas por transtorno mental. Revista de Enfermagem UFPE Online, nº 10, ano 3, 2016.*

ORGANIZAÇÃO MUNDIAL DA SAÚDE (OMS). Classificação de Transtornos Mentais e de Comportamento da CID-10: descrições clínicas e diretrizes diagnósticas. Editora Artes Médicas, 1993.

PIMENTA, *Mellina C. N. Tratamento medicamentoso do transtorno bipolar de início tardio. Revista Brasileira de Farmacologia, nº 90, ano 3, 2009.*

SOUZA, *Fabio G. M. Tratamento do transtorno bipolar: eutimia. Revista de Psiquiatria Clínica nº 32, 2005.*

Segunda edição (junho/2024)
Papel de miolo Luxcream 80g
Tipografia Alegreya Sans, Bison e Visby
Gráfica Santa Marta